BEHALT DAS FÜR DICH

Elses Geschichte

Z 10540
Ein Mädchen überlebt Auschwitz

Die Geschichte der Else Schmidt
Erzählt von Michail Krausnick
mit Bildern von Lukas Ruegenberg

Auschwitz ist das Symbol für die Ermordung von Menschen in Gaskammern, nur weil sie als Sinti, Roma oder Juden auf die Welt gekommen sind. Das ist die härteste Anklage, das darf am wenigsten vergessen werden.
Hermann Langbein, Historiker und Auschwitzhäftling

Neuausgabe von »Elses Geschichte« 4. Auflage
edition durchblick © Michail Krausnick, Neckargemünd
www.krausnick-web.de
Bildrechte: Lukas Ruegenberg, Maria Laach
Die Erstausgabe erschien im Patmos Verlag, Düsseldorf 2007
herstellung und verlag: books on demand gmbh, norderstedt

Alles, was ich da gesehen habe, ging mir Jahre später immer im Kopf herum. Ich habe als kleines achtjähriges Mädchen so furchtbare Sachen gesehen, die ich überhaupt nicht verstand und verarbeiten konnte.

Else Schmidt

Als achtjähriges Mädchen überlebte Else die Konzentrationslager Auschwitz und Ravensbrück. 60 Jahre danach wurde sie von der Königin von England in ihren Palast zu einer Audienz eingeladen.

Auch Queen Elizabeth war zu jener Zeit ein junger Mensch. Ihr Land hat im Krieg gegen die Nationalsozialisten gekämpft und geholfen, uns von der Diktatur zu befreien.

Die Königin hat sich für Elses Geschichte interessiert, für das außergewöhnliche Schicksal eines Hamburger Mädchens, das zur Zigeunerin abgestempelt wurde und dem Rassenwahn der Nationalsozialisten ausgesetzt war. Wie durch ein Wunder hat sie das Todeslager überlebt.

Eine Geschichte, die Else vergessen und verschweigen sollte. So lautete der Befehl der Nazis, und so wollten es viele, auch später noch: »Else, behalt das für dich!«

Doch auch traurige Geschichten wollen erzählt sein.

Und Erinnerung ist wichtig für eine bessere Zukunft.

Nicht nur für Königinnen.

Wie aus heiterem Himmel

März 1943

Else ist am Rande von Hamburg aufgewachsen. Kamillenweg 27. Da war es sehr schön und behaglich. Wie auf dem Land. Kornfelder, Wiesen, Gärten und hohe Bäume.

Mit sechs Jahren ist Else in die Schule gekommen. Zuckertüten gab es während des Krieges nicht. Stattdessen schenkte ihr die Mutter eine wunderschöne Strohtasche. Sie war mit Keksen, Äpfeln, Schokolade, Brausepulver und Bonbons gefüllt. Das war damals etwas Besonderes. Das Obst hatten sie selbst im Garten, aber Süßigkeiten und Kekse waren selten.

Unter dem Namen Matulat ist Else eingeschult worden. So stand es auch auf allen ihren Schulheften: Else Matulat. Sie ahnte nicht, dass ihre Mama und ihr Papa nicht ihre richtigen Eltern waren und ihre beiden Schwestern nicht die richtigen Geschwister. Mit zwölf Monaten war sie als Pflegekind in die Familie Matulat aufgenommen worden.

Die Eltern zeigten ihre Liebe nicht so offen. Das gab es damals noch nicht: Streicheln, oder dass man bei der Mutter auf dem Schoß saß. Man musste gehorchen und durfte niemals widersprechen. Das galt für alle drei Mädchen.

Die Schule war ganz in der Nähe, ungefähr fünf Minuten zu Fuß. Else hatte viele Freundinnen und zusammen haben sie viel draußen gespielt. Die Hamburger Vororte waren ja nur dünn besiedelt. Gärten, freies Feld, wenig Häuser. Keiner hatte Angst. Die Kinder durften spielen, solange sie wollten. Sie haben fast nur an der frischen Luft gespielt: Fangen, Verstecken und Ballspiele.

Dass Else weg sollte, kam wie aus heiterem Himmel. Ein Schmerz, der ihr das Herz zerriss.

Else war damals sieben Jahre alt. Und in der zweiten Klasse.

Zwei Männer in langen Ledermänteln haben sie aus der Wohnung abgeholt, morgens ganz früh, als es noch dunkel war. Um vier Uhr. Ihr Vater war schon weg. Emil Matulat hatte Nachtschicht. Als Hafenarbeiter.

Elses Mutter lief aufgeregt in der Küche hin und her und hatte rote Flecken im Gesicht. Die Ledermantelmänner hatten ihr ein Blatt Papier gezeigt. Ihre Hüte hatten sie aufbehalten. Es habe alles seine Ordnung. Schnell müsse es gehen.

Else hatte keine Ahnung, was das für Männer waren. Irgendetwas mit Geheim und Polizei wurde geflüstert. Aber warum trugen sie keine Uniform, wie der Wachtmeister im Kasperl-Theater? Und was wollten die von ihr? Sie hatte doch nichts ausgefressen.

Weil sie noch immer etwas verschlafen war, kam es ihr vor wie ein letzter seltsamer Traum vor dem Wachwerden. Weshalb nur hatte die Mutter den Männern den kleinen Koffer mitgegeben? Sollte sie etwa verreisen? Mit der Kinderlandverschickung? Wie vor zwei Jahren, als sie mit ihrer Schwester wegen der Bombenangriffe aus Hamburg fort musste.

Diesmal war alles sehr eilig. Und Else war noch gar nicht richtig wach.

Die Polizisten waren nicht mit dem Auto gekommen, sondern mit der Straßenbahn. An der Haltestelle mussten sie noch eine Weile warten, bis die erste Bahn kam. Es war kalt, und in ihrem dünnen Mantel fror sie. Wenn Else gewollt hätte, hätte sie mit den Zähnen klappern können. Oder laut losheulen. Aber sie wollte nicht. Nicht vor diesen fremden Herren.

Trotzdem suchte sie beim Einsteigen die Hand des Mannes neben ihr, weil die Stufen so hoch waren. Doch der stieß sie beiseite und schaute sie bitterböse an.
Diesen Blick hat Else bis heute nicht vergessen.
Der andere Mann packte sie grob unter den Armen und hob sie in die Straßenbahn. Wie ein Gepäckstück.
Sie fuhren in die Hafengegend. Else kannte die Strecke. Hier arbeitete ja ihr Vater. Hier lagen die großen Frachtschiffe, die er immer ausladen und einladen musste.

Die Männer führten sie in einen riesigen Raum, eine Lagerhalle. Sehr viele Leute liefen da umher. Alle wirkten irgendwie nervös. Die meisten saßen auf ihren Koffern und Gepäckstücken. Ein Maler mit einem Bild unter dem Arm, ein Mann mit einer Violine, alte

Frauen, und sehr viele Kinder. Menschen, die sie noch nie in ihrem Leben gesehen hatte. Einige Männer waren sehr elegant angezogen, als wollten sie ausgehen, mit Hut und mit Schlips. Andere sahen aus wie Hafenarbeiter, mit Seemannsmütze, als wären sie eben von der Arbeit gekommen, wieder andere waren ungekämmt, wie grade aus dem Bett gekrochen. Else hatte keine Ahnung, was hier los war. Sie kam sich vor wie Alice im Wunderland. Merkwürdig war nur, dass so viel geweint und geschluchzt wurde. Mal hier, mal da. Die meisten Menschen sahen sehr ernst und traurig aus.

Eine junge Frau hatte ein Baby auf dem Arm und einen hübschen Jungen an der Hand. Er hatte einen schwarzen Wuschelkopf und verträumte Augen.

Es gab auch Rotkreuzschwestern in Tracht und uniformierte Männer mit Listen, die hin und her eilten, und immer irgendetwas aufschrieben. Manchmal brüllte einer: »Ruhe!«

Fast alle Wartenden hatten dunklere Haare als sie. Und schöne dunkle Augen. So viele schwarze Augen auf einmal hatte sie in ihrem ganzen Leben noch nie gesehen. Interessant war das schon. Meistens sprachen sie Deutsch, aber manchmal auch in einer anderen Sprache, die sie überhaupt nicht verstand. Als wäre sie in einem anderen Land.

Bald bekam es Else aber doch mit der Angst zu tun. Sie war einfach an einem Pfosten abgestellt worden. Genau wie ihr Koffer. Und alle taten so, als würde sie zu den fremden Menschen gehören, als würde sie mit ihnen zusammen auf eine große Reise gehen. Else merkte, wie ihr die Tränen kamen.

»Na Kleine, wo gehörst du denn hin?«

Die Männer schauten in ihre Listen, gingen zur Seite und sprachen aufgeregt miteinander. Vermutlich über sie. Und dass da vielleicht etwas nicht stimmte.
»Wer hat die denn hierher gebracht?«
Von draußen konnte Else das Tuten der Schiffe hören, aber auch Geräusche von Kränen, Lokomotiven und Güterwaggons, die über die Gleise rollten.

Else dachte, ihr Herz müsste zerspringen. Die anderen Kinder hatten wenigstens ihre Eltern dabei. Großmütter, Tanten, Onkel, Geschwister und auch Spielgefährten. Nur sie war allein. Es tut weh, wenn man überhaupt niemanden kennt in einer riesigen Halle voller Menschen. Noch nie war sie so lange von zu Hause weg gewesen. Das durfte sie doch überhaupt nicht. Was war denn bloß los hier? Das war doch keine Kinderlandverschickung!

»Keine Bange, deine Mutter kommt gleich!«

Zwei Soldaten mit geschultertem Gewehr standen stramm und machten strenge Gesichter. Doch immer, wenn eine Reisegruppe zusammengerufen und abgezählt wurde, entsicherten die Soldaten die Gewehre und richteten sie auf die Menschen. Als könnte einer weglaufen. Else fand das schrecklich. Es machte ihr Angst.

Ein älterer Herr mit einer goldenen Brille kam auf Else zu. Er trug eine schwarze Nazi-Uniform und schien der Allerwichtigste zu sein.

»Mädchenname der Mutter?«, fragte er streng.

»Mädchenname? Meine Mutter ist doch kein Mädchen!« antwortete sie leise.

Die Männer lachten, als hätte sie etwas sehr, sehr Dummes gesagt. Der Herr mit der Goldrandbrille schüttelte den Kopf und ging zu seinem Schreibtisch, der mitten in der Halle stand.

Else fand das gemein. Überhaupt wurde hier ständig geschimpft. Wer nicht schnell genug war, wurde von den Polizisten mit den Gewehrkolben gestoßen. »Los, los, Abmarsch!«

Die Frauen und die Kinder schrieen und hatten Angst. »Weiter, weiter!«

Else merkte, dass etwas nicht stimmte.

Es ärgerte sie, dass alle sie immer irgendwie aus dem Weg schoben und Blondchen, Lütte oder Kleines zu ihr sagten. Nur der Herr mit der Goldrandbrille sagte das nicht. Der war ja noch viel schlimmer. Er sagte immer »Else Schmidt« zu ihr oder »unser Fräulein Schmidt«, was sie am allerwütendsten machte.

»Na, Blondchen, was hast du denn hier verloren?«, fragte die Rotkreuzschwester, die ein Mittagessen an die Kinder austeilte: Milchreis mit Zucker und Zimt. Eigentlich war das eines von Elses Lieblingsessen. Aber diesmal schmeckte es salzig. Von ihren Tränen.

»Nicht weinen, Kleines, da wo ihr hinkommt, gehts euch gut!«, versuchte ein Mann in einer Nazi-Uniform sie zu trösten.

»Ich will aber nicht weg! Ich will nach Hause!« Trotzig sagte sie das und leckte die Tränen aus ihrem Mundwinkel. »Ich muss doch zu meinen Eltern!«

»Du musst überhaupt nichts!«, sagte der Mann mit der Goldrandbrille. »Wir geben die Kleine in die nächste Gruppe! Ihre Mutter ist schon im vierten Waggon!«

Ihre Mutter?

Jetzt verstand Else überhaupt nichts mehr.

Immer wieder mussten sich einige Familien in Reihen aufstellen, wurden abgezählt und von den Soldaten weggeführt. Zu den Eisenbahngleisen mit den Güterwagen. Und immer wieder kamen neue Menschen durch das Tor an der Rampe hinzu. Mit Lastwagen.

»Mein Vater erlaubt mir das nicht!«, schluchzte Else, weil es immer später wurde. »Mein Vater erlaubt mir das nicht!« Doch keiner hörte auf sie.

Als Elses Vater todmüde von der Schicht nach Hause kam, fand er seine Frau in Tränen. »Wo ist Else?«

»Abgeholt. Gestapo!«, antwortete Frau Matulat leise und zeigte das Schreiben. »Evakuierung. Die kommen alle weg!«

»Werden wir auch geholt?« Elses Schwestern hatten Angst und große Augen. »Was hat Else denn getan?«

Emil Matulat war sehr ernst und bleich. Und hatte eine Sorgenfalte auf der Stirn. Doch dann schüttelte er den Kopf.

»Keine Bange. Das wird geklärt!« Elses Schwestern sahen, wie er die Faust ballte. »Ein Irrtum! Ich muss aufs Amt!« Dann nahm er seine Mütze. »Die Else kommt zurück!«

Nach der schweren Schichtarbeit hätte Emil Matulat eigentlich erst mal ausschlafen müssen. Aber das konnte er nicht. Er ist mit der Straßenbahn in die Stadt gefahren und hat den ganzen Tag verzweifelt um Else gekämpft. Er ist zum Ordnungsamt, Bürgermeister, Jugendamt und ins Polizeipräsidium ohne Anmeldung gegangen.

Er hat einfach die Tür aufgemacht, ist reingestürmt und hat gefragt: »Was bitteschön, ist denn los hier? Was macht ihr mit meiner Tochter? Das gibt es doch nicht, das ist ein Irrtum!«

Und tatsächlich ist es ihm nach langem Hin und Her gelungen, dass er von einem Kriminalrat ein Stück Papier mit Stempel und Unterschrift bekam und dass er Else damit aus dem Fruchtschuppen am Hafen, von dem die Transporte abgingen, wieder abholen konnte. In letzter Minute, denn sie war schon einer Gruppe zugeteilt worden und sollte gerade zum Zug abgeführt werden.

Vater Matulat hat Else bei der Hand genommen und ist mit ihr wieder zurück nach Hause gefahren. Mit der Straßenbahn. Schweigend. Den ganzen langen Weg. Denn mit Worten war ihr Vater gern sparsam.
Zu Hause hat Emil Matulat nur gesagt, dass alles ein Versehen war. Und dann haben sie Abendbrot gegessen, als wenn gar nichts gewesen wäre.
»Jetzt ist alles wieder gut«, sagte ihre Mutter, als Else in ihrem Bett lag und deckte sie zu. »Am besten vergisst du alles! Ganz schnell!«

Am nächsten Tag ist Else wieder in die Schule gegangen, ganz normal. Im Religionsunterricht, als sie wieder neben ihrer Freundin saß, so als wäre überhaupt nichts gewesen, dachte sie, dass das alles nur ein Traum war, ein Traum aus einem anderen seltsamen Leben. Den Wuschelkopfjungen aber hätte sie gern mal wieder getroffen. Als sie ihn ansah, hatte er gelächelt und, extra für sie, seine linke Hand für einen Augenblick geöffnet. Drei wunderschöne Zaubermurmeln lagen darin.

Erst nachträglich fiel ihr ein, dass auch sie unter all den Menschen in der Halle etwas Besonderes gewesen sein musste.

»Bist du wirklich ein Zigeunerkind?« Nicht der schöne Junge, sondern einer der Polizisten hatte das gefragt. Da hatte Else natürlich voller Entrüstung den Kopf geschüttelt. Weil sie ihre Haare ordentlich gekämmt und ihre Hände sauber gewaschen hatte. Das hatte sie ja schließlich schon in der ersten Klasse gelernt, dass sie als gutes deutsches Mädel immer pünktlich, ordentlich und brav sein musste. Weil sie damit dem Führer eine Freude machen würde. Ebenso wie allen tapferen Soldaten an der Front. Und natürlich auch dem lieben Gott.

»Saubere Fingernägel! Schließlich sind wir hier nicht in der Judenschule!«, hatte die Lehrerin mehr als einmal gesagt. »Und wir wollen ja auch keine Zigeuner sein, nicht wahr, Else?«

Nein, das wollte sie wirklich nicht. Auf gar keinen Fall.

Wie ein Waisenkind

April 1944

Ein Jahr später erlebte Else das Gleiche noch einmal.

Inzwischen war sie acht geworden, in der dritten Klasse, und schon etwas schlauer. Wieder waren es zwei Ledermantelmänner. Diesmal hatte ihr Vater Tagschicht. Er schimpfte und war furchtbar aufgeregt.

»Na schön, eine Zigarettenlänge, dann kommen wir zurück. Keine Verzögerung!«, sagten die Männer und gingen vor die Tür, um zu rauchen.

Mutter zog ihr das Sonntagskleid an, knöpfte es vor lauter Aufregung verkehrt, musste es noch mal neu machen, zupfte den weißen Spitzenkragen, kämmte die Haare zum Hahnenkamm, schob das Haar beiseite und befestigte es mit einer Spange. Ihre Hände zitterten.

Dann packte die Mutter einen kleinen Koffer. Sie weinte dabei. Und Else auch, denn sie spürte, dass etwas in der Luft lag. Und dass es dieses Mal schlimm sein würde. Schlimmer als das erste Mal.

»Else, du bist jetzt ein großes Mädchen. Du musst tapfer sein.«

Plötzlich hatte ihr Vater sehr große blaue Augen. Wie der berühmte Schauspieler Hans Albers auf den Filmplakaten. »Wir müssen dir etwas sagen.«

Er zögerte wie ein schüchterner Junge, der mitspielen will und sich nicht traut.

Emil Matulat schluckte. »Weißt du, Else, wir... wir sind nicht deine leiblichen Eltern«, sagte er traurig. Und ihre Mutter ergänzte. »Wir sind nur deine Pflegeeltern, verstehst du? Wegen der Kriegsnöte haben wir dich angenommen. Damit du kein armes Waisenhauskind wirst. Verstehst Du? Du brauchst keine Angst zu haben! Die beiden Herren meinen es gut. Sie wollen dich nur zu deiner richtigen Mutter bringen!«

»Richtige Mutter?« Else konnte es nicht begreifen. »Ihr lügt! Das stimmt nicht!«, schrie sie wütend, rannte aus der Küche und warf sich auf ihr Bett. Trommelte mit den Fäusten: »Ich will keine richtige Mutter!«

Es klingelte. Die Herren in den langen Mänteln und den Schlapphüten standen wieder in der Tür, nahmen den kleinen Koffer und zogen Else mit sich fort.

»Hab keine Angst, ich hol dich zurück«!, flüsterte ihr Vater und drückte ihr Gerda, ihre Lieblingspuppe, in den Arm. »Ich verspreche es dir!«

»Richtige Mutter?« - Während der langen Straßenbahnfahrt zum Hafen hämmerten die Worte in ihrem Kopf herum. Und was waren »leibliche Eltern«?

Wieder war die Halle voll mit Menschen, aber es waren ganz andere. Vor einem Jahr hatten einige der Kinder noch gerufen, gesprochen und gelacht. Aber jetzt waren sie fast alle stumm und ganz fest an den Händen ihrer Eltern. Das war unheimlich. Else klammerte sich an Gerda, ihre Schildkröt-Puppe.

Auch diesmal war sie ganz allein.

Bis zuletzt hoffte Else, dass ihr Vater kommen und sie wieder heimholen würde. Er hatte es ja versprochen. Doch diesmal ging alles sehr viel schneller. Die Familien mussten sich in Gruppen aufstellen und ihre Namen wurden geprüft. Dann kam der Zug. Eine fremde Frau nahm sie an der Hand. Alle mussten in

Güterwagen einsteigen. Ohne Fenster und Bänke. Auf dem Boden lag Stroh.

»Vergiss das! Red nicht darüber!« haben die Erwachsenen später zu Else gesagt, wenn sie von ihrer Angst erzählen wollte. »Das will keiner hören. Behalt das für dich!« Und andere sagten: »Das hast du doch nur geträumt! Blühende Phantasie! Unsere kleine Märchenerzählerin!«

Else kann sich kaum noch an die Zugfahrt erinnern. Nur, dass sie sehr lange dauerte. Der Zug hielt immer wieder an und stand dann sehr lange auf den Gleisen. Vielleicht, um andere Transporte durchzulassen. An der Schiebetür saß ein Mann in Uniform. Der hatte einen Wasserkessel und eine Kelle. Man konnte zu ihm hingehen und aus der Kelle etwas Wasser trinken. Eigentlich wollte Else das nicht. Sie fand das eklig. Doch dann war ihr Durst so groß, dass sie fürchtete zu vertrocknen und zu sterben.

Else meint, dass es mindestens zwei Nächte waren. Und dass sie furchtbares Heimweh hatte. Alle anderen hatten ja ihre Familien dabei. Nur sie hockte ganz allein auf dem Boden. Wie ein Waisenkind.

Wasser zum Waschen gab es nicht. Und auch kein Klo. Wenn eine mal musste, ging sie zum Eimer und eine Frau hielt eine Wolldecke davor. Die Männer machten das in der anderen Ecke. Und auch sie schämten sich.

Unter ihr rollten die Räder. Else wunderte sich, dass die Fahrt kein Ende nehmen wollte, dass Deutschland so groß war. An einem Abend sah sie durch die Luke ein bisschen von dem Nachthimmel. Und sogar ein paar Sterne. Ihr Vater hatte einmal erzählt, dass man die Sterne und den Mond von jeder Ecke in der ganzen Welt aus sehen könne. Daran musste sie jetzt denken, dass ihre Mutter, ihr Vater und ihre Schwestern in diesem Moment ganz genau die gleichen Sterne sehen konnten wie sie. Das hat sie getröstet.

An die Ankunft im Lager kann sich Else nur schemenhaft erinnern. An Hundegebell, Trillerpfeifen und Befehle. Und dass da immer Gewehre auf sie gerichtet

waren. Als wären sie Schwerverbrecher. Das Aussteigen musste etwas mit Schäferhunden zu tun gehabt haben, denn es gab viele Schäferhunde, die ihre Zähne fletschten.

Angst vor Schäferhunden hat Else auch heute noch. Ihre Ärztin meint, dass sie das Schlimmste sowieso verdrängt habe. Die Ärztin kümmert sich um Elses Ängste, um all die schlimmen Sachen, die aus ihrem Kopf verschwunden sind, aber das Herz so schwer machen. Aber immer wieder tauchen einzelne Erinnerungen aus dem Nebel wieder auf ...

Else kann sich erinnern, dass sie alle von der Bahnrampe in ein Gebäude geführt wurden. Da mussten sie sich ausziehen, ihre Kleider auf einen großen Haufen schmeißen und »Ab zum Entlausen!« So lautete der Befehl.

»Entlausen«, war auch so ein Wort, das sie aufgriff, ohne es zu begreifen. »Schnell! Schnell! Weiter!«

Danach mussten sie duschen. Else hatte noch nie in ihrem Leben eine Dusche gesehen. Deshalb beobachtete sie die anderen Frauen und Kinder, wie die das machten. Das Wasser kam oben aus der Decke. Handtücher gab es nicht. »Schnell, schnell!«, hieß es. Da standen sie alle einfach nur barfuß und nass herum, froren und warteten, bis die Kleider von der Desinfektion zurückkamen.

In dem riesigen Haufen lag nun aber alles durcheinander. Else hat nur auf den Kleiderberg gestarrt und nach ihrem Sonntagskleid gesucht, was natürlich das Verkehrte war. Es waren ja ganz andere Sachen. Die

Menschen griffen zu und schnappten sich, was sie zu fassen kriegten. Die meisten Kleider waren gestreift.

Der Haufen wurde kleiner und kleiner. Am Ende waren nur noch sechs oder sieben Kleidungsstücke auf dem Fußboden. Eine Frau trocknete Else mit einer Bluse ab und sagte ihr, dass sie sich schnell was schnappen sollte. Und schließlich nahm sie irgendetwas, egal, ob es passte oder nicht. Ein viel zu großes Kleid. Beim Anziehen musste sie daran denken, wie sie zuhause mit ihren Schwestern immer Verkleiden gespielt hatte. Genauso sah sie jetzt aus. Aber es war überhaupt nicht lustig.

Ihre Puppe, ihr Koffer, ihr Sonntagskleid - alles war weg. Vor allem ihre besten Schuhe. Die Mutter hatte

ihr nämlich extra Skistiefel mitgegeben für die lange Fahrt. Richtige Skistiefel. Das war was ganz Besonderes in der Kriegszeit. Aus echtem Leder. Ihre schönen teuren Skistiefel waren weg. Else hat keine Schuhe gefunden. Sie musste barfuß gehen, trotz der Kälte.

Wie sollte sie das nur der Mutter erklären? Aber es kam noch schlimmer.

Vorher wurden sie noch alle tätowiert. Else musste ihren linken Unterarm hinhalten. Dann war die nächste dran. Es musste sehr schnell gehen, es durften keine Lücken in der Schlange sein. Der Nächste musste immer schon bereit stehen und sich sofort hinsetzen. Das Tätowieren tat weh. Aber nach allem, was Else schon erlebt hatte, spielte die halbe Minute überhaupt keine Rolle. Das Pieksen und Stechen ging vorüber. Nur die Babys brüllten wie am Spieß. Weil ihre Ärmchen zu klein waren, wurden ihnen die Nummern auf den Oberschenkel eingestochen.

Else bekam die Nummer »Z 10540«. Das wäre jetzt ihr Name, wurde gesagt.

Monate später, als alles vorüber war, wurde Else einmal von ihrer Lehrerin erwischt, wie sie von ihrer Gerda und den Puppenbergen in Auschwitz erzählte (nämlich, dass im Lager allen Mädchen die Puppen weggenommen, nackt ausgezogen und auf einen riesigen Berg geworfen wurden. Und alle Puppenkleider verbrannt. Wegen Seuchengefahr.) Eigentlich war das nur für ihre Freundin bestimmt gewesen. Aber die Lehrerin hatte mitgehört und bekam vor Wut einen puterroten Kopf.
»Das ist doch alles nicht wahr, Else! Du lügst!« Die Lehrerin hat sie an den Ohren gezogen und ihr eine gescheuert. »Unsinn! Greuelmärchen sind das doch!« Else wusste natürlich, dass sie nichts davon erzählen durfte. Keiner Menschenseele. Und schon gar nicht in der Schule. Sie hatte es eigenhändig unterschrieben. Aber manchmal musste es einfach sein. Sie musste darüber sprechen, sonst wäre ihr Kopf geplatzt. Vor lauter Traurigkeit oder schlimmen Albträumen. Da musste es einfach raus aus ihr. Wenigstens ihre beste Freundin sollte es wissen. Bis auch die sagte: »Das glaub ich nicht, das will ich nicht hören! Das ist doch geschwindelt! Hör auf!«

Das interessiert keinen!

»Komm, wir suchen deine Mutter!«, sagte eine junge Frau und nahm sie an der Hand. Else bekam einen Schock, als sie im kalten Nebel an den Baracken vorbeigingen. Das war ja ein Gefängnis! Überall sah sie Stacheldrahtzäune. Und Wachtürme mit Scheinwerfern und uniformierte Posten. Die meisten mit einem Gewehr über der Schulter und einem Schäferhund.

Das hörte überhaupt nicht auf. Hunderte von Baracken. Und jede vollgestopft mit Hunderten von Menschen. Eine riesige Gefängnis-Stadt war das ja.

Die Baracken waren schrecklich. Else hatte so etwas noch nie gesehen. Daheim, bei ihrer Familie musste immer alles blitzblank sein und ordentlich an seinem Platz stehen. Hier aber war nur Unordnung, alles durcheinander und schmutzig. Und der Fußboden aus matschiger Erde.

Die Frau zog sie an der Hand durch die Baracken. »Wir müssen deine Familie finden, deine Brüder, deine Schwestern, deine Mutter«. In jeder Baracke rief sie:

»Frau Schmidt. Ist eine Frau Schmidt hier?« Unter den Hunderten war ab und an tatsächlich auch eine Frau Schmidt, aber keine wollte ihre Mutter sein. Alle schüttelten den Kopf.

Else war eigentlich froh darüber. Sie brauchte keine *richtige Mutter*. Wirklich nicht. Vater und Mutter hießen Matulat, wohnten dort, wo sie daheim war, wohin sie wieder zurück musste, weil da ihre Schule war und Helga und Heike, ihre Freundinnen.

Was war das hier bloß? War das ein Gefängnis, war das eine Krankenstadt? Die meisten nannten es einfach nur KZ. Konzentrationslager Auschwitz-Birkenau.

Die Baracken wären früher einmal Pferdeställe gewesen, sagte die Frau. Fenster gab es nicht. Nur schmale Luken, oben im Dach. Und auf dem dreckigen Lehmboden standen dreistöckige Holzbuchsen, in denen die Menschen eng aneinander gedrängt auf den Brettern lagen. Else hatte noch nie so viele Menschen so nah beieinander gesehen.

Aber waren das überhaupt Menschen? Fast allen fehlten die Haare auf dem Kopf. Einige waren wie Gerippe, so mager und die Augen waren ganz tief zwischen den Knochen. Totenköpfe, lauter lebendige Totenköpfe ...

Es war richtig zum Gruseln. Manche flüsterten miteinander, andere stöhnten.

»IchhabDursthabichIchhabDursthabichIchhabDursthabichIchhabDursthabich«, wimmerte ein glatzköpfiges Mädchen. Es hatte fiebrige Augen und einen traurigen Blick. Bestimmt war sie sehr krank.

Aber war hier überhaupt einer gesund?

An diesem Tag wusste Else gar nicht, worüber sie gerade weinte. Wegen ihrer verlorenen Schuhe? Dass sie so allein war? Dass ihr Vater nicht kam und sie abholte?

Vielleicht hatte man sie ja in Hamburg schon überall ausradiert, weggewischt von der Tafel, ausgestrichen im Klassenbuch. Mit wem tauschte Heike jetzt ihr Frühstücksbrot? Wer saß neben Helga?

Else setzte sich auf die lange Steinmauer, die quer durch die Baracke ging und unter der das Heizungsrohr lag. Hier war es ein wenig wärmer.

War es vielleicht wie im Märchen, dass ihre Eltern plötzlich sehr arm geworden waren? Und dass sie ihre Kinder aussetzen mussten, weil sie nicht mehr genug zu essen hatten?

Else Schmidt - das wäre ihr richtiger Name. Und zugleich der richtige Name ihrer richtigen Mutter. Aber wo war die denn nur? Und was hatte das Z zu bedeuten? Z 10540?

So genau will das keiner wissen

Dann kam Z 477. Die Frau, die mit ihr durch die Baracken gezogen war, hatte ihr wohl gemeldet, dass Else völlig verstört war und ganz allein.

Z 477 sagte: »Du kommst mit mir«. Das klang wie ein Befehl. Also ist Else ihr gefolgt. Wie eine Schlafwandlerin. Im tiefen, tiefen Schock.

Z 477 war schön wie eine Prinzessin. Sie hatte Haare. Die waren ihr wieder nachgewachsen, die Haare schwarz wie Ebenholz. Vor allem hatte sie ein Lächeln im Mundwinkel. Das war immer da, selbst wenn sie sehr traurig war. Sie lächelte einfach, so als wäre alles Böse und Schreckliche auf der Welt nur ein Witz. Manchmal hat sie mit ihrer tiefen Stimme die damals sehr berühmten Schlager gesungen. Einer hieß »Davon geht die Welt nicht unter!« und ein anderer »Ich weiß, es wird einmal ein Wunder geschehn!«

Z 477 hat Else in ihr eigenes Zimmer mitgenommen. Eigentlich war es nur der Anbau an eine Baracke.

Z 477 hatte da eine eigene Pritsche zum Schlafen, ein Regal, einen Stuhl und einen Tisch. Auf dem Tisch stand ein Teller, auf dem ein Apfel mit einem Messer lag. Der Apfel wartete darauf, geschält, in kleine Stückchen geschnitten und gegessen zu werden.

Deshalb musste Else immer an Schneewittchen denken.

Vor allem aber hatte das Zimmer ein Fenster. Mit Glas. Man konnte hinaussehen auf das saftige grüne Gras, die Zäune, die Wachttürme und die rauchenden Schornsteine.

Else hatte Glück. Sie musste nicht mehr zurück in die Pferdestallbaracken, die mit kranken Menschen überfüllt waren. Sie musste nicht mit wildfremden Familien in einer der mehrstöckigen Buchsen liegen. Sie hatte es besser. Sogar ein paar passende Holzpantinen hatte sie bekommen.

Die junge Frau hieß Wanda. Else durfte auf dem Tisch schlafen. Wanda besaß einen kleinen Tisch-Teppich. Mit dem hat sie Else liebevoll zugedeckt. Der Teppich war hart, kratzte und roch muffig, aber daran gewöhnte sie sich. Das war ja tausendmal besser als in den Baracken, wo die Wolldecken vor lauter Dreck so steif wie Filz waren.

Else ist mehrere Monate bei Wanda geblieben. Sie

fühlte sich sicher und beschützt, wenn sie bei ihr war.

Else kann sich daran erinnern, dass Wanda manchmal Sachen zu essen hatte, die andere nicht hatten. Sie weiß noch, dass Wanda eine Dose mit Pflaumenmus unter ihrem Pritschenbett hervorholte. »Aber nichts den anderen verraten!«, sagte sie immer, wenn sie ihr den kleinen Löffel zum Ablutschen gab.

An der Wand neben der Tür hing ein Schlagstock. Den nahm Wanda immer mit, wenn sie zur Arbeit ging. Zur Nachtwache in den Küchenblock.

Wanda musste für Ruhe und Ordnung sorgen. Sie war nämlich eine Aufpasserin. Deshalb ging es ihr etwas besser als den anderen Gefangenen. Aber Else hat nie gesehen, dass Wanda jemanden mit dem Stock geprügelt hat.

Else erinnert sich jetzt wieder daran, dass sie für Wanda einmal einen Kranz aus Gänseblümchen gemacht hat. Für ihre schönen schwarzen Haare.

Denn es war Frühling, die weißen Birken glänzten in der Sonne, Weidenkätzchen und frische grüne Blätter.

Der Himmel war in Auschwitz genauso blau wie in Hamburg. Da hat Else sich ein Herz gefasst und gefragt: »Bist du meine richtige Mutter?«

Doch Wanda mit dem Gänseblümchenkranz im Haar hat nur den Kopf geschüttelt und gelacht. »Leider nicht!«

Wanda erzählte, dass Elses richtige Mutter auf der Krankenstation läge und deshalb nicht zu ihr kommen könnte. Wanda erzählte auch von Dieter und Uwe, ihren beiden Zwillingsbrüdern. Die hätten besseres Essen, weil sie im Krankenbau zur Untersuchung lägen. Und dann gäbe es noch zwei kleine Schwestern, und bestimmt wären sie bald alle beisammen.

Aber Else wollte davon eigentlich gar nichts wissen. Sie brauchte keine neuen Brüder und keine richtigen Schwestern. Wirklich nicht. Diese fremden Leute gingen sie doch überhaupt nichts an. Da hörte sie lieber gar nicht erst zu.

Sie fragte Wanda auch nach dem Z auf ihrem Arm. Was das wohl zu bedeuten hatte?

»Damit du nicht verloren gehst: Z 10540! Das ist deine Nummer!«

»Aber warum Z?«

»Z für Zigeuner. So nennen uns die Nazis.«

»Mich auch?«, fragte Else.

»Natürlich. Dich auch. Deine Mutter wäre eine Halbe, sagen sie, und du... «

»... eine Viertel?«

»Richtig!«, lobte Wanda. »Schlaues Köpfchen!«

Doch Else hatte kein gutes Gefühl. Sie spürte, dass es keine wirklich gute Antwort war.

Wenn das Wetter gut war, durfte Else rausgehen. Sie gehörte ja zu keinem Arbeitskommando wie die älteren Kinder. Bevor Wanda mit dem Stock zum Bewachen ging, sagte sie immer, dass Else auf gar keinen Fall in die Baracken gehen dürfe. Da würden schreckliche Dinge passieren. Deshalb ist Else viel im Freien umhergewandert zwischen den Baracken und Zäunen.

In den Zäunen waren weiße Schilder mit schwarzen Totenköpfen: »Halt!« Die Zäune waren elektrisch geladen. Dahinter der Graben. Else hat im Gras gespielt, im Niemandsland, da, wo die Baracken auf-hörten. Hier wuchs hohes Gras, ganz in der Nähe vom Stacheldraht, so hoch, dass keiner sie sehen konnte,

wenn sie sich mal hinlegte. Dort hat sie gespielt. Mit Stöckchen, Regenwürmern, kleinen Steinchen. Und manchmal fand sie sogar etwas zum Essen, winzige wilde Erdbeeren oder Sauerampfer.

Else hatte viel Zeit zum Nachdenken und viel zu viel Zeit für Heimweh. Sie malte sich aus, was die anderen in Hamburg jetzt wohl gerade machten ohne sie, jetzt, genau in dieser Minute.

Gab es überhaupt eine Welt ohne sie? Oder stand alles still und wartete auf sie?

Einmal hat Else sogar einen Maikäfer gefunden. Der lag strampelnd auf dem Rücken und fast hätte sie ihn zertreten. Sie hat ihn schnell wieder umgedreht und auf ihren Arm genommen.

Maikäfer flieg!

Da krabbelte er mit seinen kitzligen Beinchen auf ihrer Z-10540-Nummer hin und her und wollte gar nicht wieder weg. Nach einer Weile hat sie ihn behaucht. Maikäfer, flieg! Nach Hamburg sollte er fliegen und ihrem Vater melden, was hier los war und dass er schnellstmöglich kommen sollte und sie wieder abholen. Und tatsächlich hat der Käfer seine Flügel aufgespannt und ist losgeflogen.

Manchmal bei der Abendsuppe schnappte Else etwas auf, was sie eigentlich nicht hören sollte.
Zum Beispiel, wenn Wanda mit ihren Freundinnen Meka und Nussi über die neuen Totenmeldungen sprach.

Das Meiste glaubte sie sowieso nicht. Einmal aber sah sie einen toten Mann im elektrischen Zaun hängen. Wollte er fliehen? Oder hatte er sich in den

Strom geworfen, um sich das Leben zu nehmen? Nussi und Meka hatten sich darüber gestritten. Ein anderes Mal mussten alle antreten, stramm stehen und sich zur Warnung eine junge Frau anschauen, die versucht hatte, aus dem Lager zu fliehen. Sie wurde auf einer Bahre direkt an ihnen vorbeigetragen. Else erinnert sich, dass Wanda ihr sofort die Hand über die Augen gehalten hat. Doch sie hatte die zerfetzte, blutige Frau schon gesehen.

Wahrscheinlich hatte Wanda deshalb immer gesagt, dass sie nicht zu nah an die Baracken gehen sollte. Sie war ja eine Aufpasserin. Sie passte auf Else auf.

An diesem Abend konnte Else nicht einschlafen. Sie lag auf dem Tisch und starrte auf die Holzbretterdecke. Auch Wanda war noch nicht eingeschlafen. Das hörte sie an ihrem Atem.

»Das ist schrecklich! Ich will nach Hause!«, brach es plötzlich aus ihr heraus. »Warum sperren die uns ein?! Ich hab doch nichts gemacht, ich bin doch kein Verbrecher!«

Wanda stand auf, ging zu ihr und sah sie mit traurigen Augen an. »Ich auch nicht«, sagte sie leise und strich ihr über das Haar. »Keiner von uns. Schlaf jetzt!«

Und lange, nachdem sie sich wieder hingelegt hatte, seufzte Wanda. »Alle, die hier sind, haben genauso wenig verbrochen wie du!«

Obwohl sie noch sehr jung war, hatte Wanda etwas Mütterliches. Sie drückte Else oft an sich oder strich ihr über den Arm. Viel weicher und zärtlicher als Mutter Matulat. Später erfuhr Else, dass Wanda, als sie nach Auschwitz kam, ein Kind unter dem Herzen getragen hatte. Ein Kind von ihrem Geliebten.

»Mein kleines Mäd-chen war nur kurz einmal in meinem Arm. Die SS-Männer haben sie gleich tot gemacht.«

Diesmal gelang es Wanda nicht, zu ver-bergen, wie traurig sie war.

Stumm schaute sie aus dem Fenster, auf die Wachttürme und den Stacheldrahtzaun. Als ob es da was zu sehen gäbe. Doch nach einer Weile warf sie trotzig den Kopf in den Nacken.

»Das ist normal. Ein Baby lebt hier nicht lange. Besser so.«

Einmal hat Else auf dem Boden ein sehr starkes Brillenglas entdeckt. Schnell hat sie trockenes Gras gesucht und auf einen Haufen gelegt. Und darauf die Linse gehalten. Gegen die Sonne.

Ihr Vater hatte ihr früher einmal erzählt, dass man so Feuer machen kann. So hat Else in Auschwitz ein Feuer gemacht. Es fing tatsächlich an zu brennen. Aber als die Flammen loderten, hat sie schnell alles wieder ausgetreten, dass es keiner von den SS-Männern entdeckte. Wenn die Luft wieder rein war, hat sie gleich ein neues Feuerchen gemacht. Viele, sehr viele Feuerchen. Wenn das kleine Feuer knisterte

und knackte, fühlte sie sich stark. Dann ging es ihr besser.

Das Wort Viertelzigeuner wollte ihr nicht mehr aus dem Sinn gehen. Ein Viertel von ihr sollte also Zigeuner sein. Aber welches? Wenn sie ihre zwei Arme und zwei Beine so anschaute, war das Zigeunerviertel bestimmt der linke Arm, auf dem das Z eingestochen war. Aber was war dann der andere Arm? Und was waren ihre beiden Beine? Waren die deutsch oder was?

Vielleicht der rechte Arm deutsch, das linke Bein hamburgisch, das rechte Bein ... Nazi?

Aber ist ja alles Quatsch, dachte Else. Ich bin dumm. Ich begreife das nie.

Ein anderes Rätsel waren die Züge, die jetzt immer öfter eintrafen. Durch den Stacheldraht konnte Else die Gleise sehen, an denen die Menschen aus den Güterwaggons ausgeladen wurden. Zuerst war es ja eine interessante Abwechslung. So ähnlich war es auch bei ihrer Ankunft gewesen.

»Schnell, schnell! Aufschließen!« Rufe, gebrüllte Befehle, das Heulen und Quengeln der kleinen

Kinder. Mit der Zeit schaute Else gar nicht mehr hin, spielte ihre Traumspiele, hörte nur noch die Trillerpfeifen im Hintergrund, Hundegebell, das Stampfen und Zischen der Lokomotiven.

»Schneller, Schneller! Marsch, marsch!«

Manchmal musste alles sehr schnell gehen, dann rannten die Hunde um die Menschen wie um eine Schafherde herum. Ein anderes Mal ging alles sehr langsam, wie bei einem Trauerzug auf dem Friedhof.

Jeden Morgen sah Else neue Menschenschlangen vor dem Gebäude, das Krematorium genannt wurde. Ganze Familien mit Kindern und Großeltern. Sie warteten geduldig. Irgendwann gingen sie rein, kamen aber nicht mehr heraus.

Das war das größte Rätsel. Else konnte sich das nicht erklären.

»Schnell, schnell, aufschließen!«, rief die Lehrerin Jahre später. Als sie beim Schulausflug vor dem Hamburger Rathaus standen. »Else, komm! Trödel nicht, träum nicht!«

Wie angewurzelt war (die inzwischen zwölfjährige) Else plötzlich stehengeblieben. Kalter Schweiß lief ihr den Nacken hinunter. »Ich kann nicht, ich kann nicht«, schluchzte sie.

Irgendjemand hatte das Wort Kopfsteinpflaster gebraucht, als sie zum Rathausplatz gingen. Kopf - Stein - Pflaster. Und mit einem Mal hatte sich jeder Stein vor ihren Füßen in einen Totenkopf verwandelt.

Da konnte sie nicht mehr vor und auch nicht mehr zurück. Ihre Beine waren wie gelähmt. Ein Krankenwagen kam und Sanitäter mussten sie nach Hause bringen.

Obwohl sie das alles eigentlich doch vergessen sollte.

Auch viele Jahre danach noch, in ihren Angstträumen, sah Else plötzlich wieder die Totenschädel, die weiß gekalkten, vor sich, die sie damals im Schuppen an der Baracke gesehen hatte. Ganz klar und deutlich. Durch ein Astloch in der Bretterwand.

Eigentlich hätte sie da überhaupt nicht hingehen dürfen. Aber dann sah sie es doch. An der anderen Seite der Baracke lagen die Toten.

Aufgestapelt zum Abholen wie Holz. Jeden Morgen bei Sonnenaufgang. Menschen, die während der Nacht gestorben waren. Mit der Zeit gewöhnte sich Else an den Anblick.

Was sie damals gesehen hat, ging ihr noch Jahre später im Kopf herum. Else hat als achtjähriges Mädchen im Lager so furchtbare Dinge gesehen, die sie überhaupt nicht verstehen und verarbeiten konnte, sagt die Ärztin.

Das Tor zum Himmel

August 1944

An einem Abend, als der Himmel ganz rot war und schwarzer Rauch zum Himmel stieg, hörte Else plötzlich aus vielen Baracken minutenlang erregte Schreie:

»Mörder, Mörder, Mörder!«

So lange, bis mehrere Schüsse fielen.

Als es wieder ruhiger geworden war, sagte eine von Wandas Freundinnen, dass jetzt der ganze Zug mit den armen Menschen aus Ungarn verbrannt würde. Und dass es diesmal Juden und Zigeuner wären. Else weiß noch, wie sie damals richtig wütend wurde und zu Nussi gesagt hat:

»Ihr lügt. Das stimmt nicht. Man kann überhaupt keine Menschen verbrennen. Wir Menschen sind ja voll gefüllt mit Blut und Tränen! Wir können überhaupt nicht brennen!«

Aber Wanda, Nussi und Meki antworteten nicht. Sie starrten nur noch vor sich hin.

Von da an qualmten die Schornsteine bei Tag und bei Nacht. Mit der Zeit wurde Else klar, dass die Schlote zu keiner Fabrik gehörten. Die Schornsteine waren, wie Wanda sagte, der einzige Ausweg: das Tor zum Himmel.

Anfang August wurde das »Zigeunerlager« Auschwitz-Birkenau aufgelöst. Die Büros von den Bewachern und auch die Küchen wurden geräumt. Das Wasser abgestellt.

Zuvor wurden einige Menschen wieder wegtransportiert. Aber nicht alle. Nur die jungen und kräftigen, die noch arbeiten konnten. Erst sehr viel später wurden Else die Zusammenhänge klar.

Der Krieg war noch nicht zu Ende. Die kräftigen Menschen wurden noch gebraucht in den Rüstungsfabriken.

»Ich muss fort«, sagte Wanda zu Else. »Du bist jetzt wieder allein, du kommst in eine Baracke. Pass gut auf dich auf!« Damit war Wanda verschwunden aus ihrem Leben.

Else hat nur genickt oder den Kopf geschüttelt. Wie ein Automat. Stundenlang.

In der Baracke sagte eine alte weißhaarige Frau, dass sie lieber still sitzen solle. Was Else gar nicht verstand. Aber die Frau meinte, dass sie mit dem Kopfschütteln zu viel Kraft verschwenden würde, weil es nichts mehr zu essen und zu trinken gäbe. Die meisten Menschen wussten überhaupt nicht, was werden würde, ob sie noch mal wegtransportiert oder ob auch sie zu Rauch gemacht würden.

Else konnte sich überhaupt nicht vorstellen, dass jemand sie umbringen wollte. Warum denn? Dafür war sie doch noch viel zu jung. Sogar der SS-Wächter, vor dem sich alle fürchteten, hatte gelächelt und ihr mit der Hand über den Kopf gestrichen.

Sie hatte keine Angst, dass sie sterben könnte. Zum Sterben war sie doch noch viel zu jung.

Vor dem Abtransport mussten alle antreten. In Reih und Glied. Zur Untersuchung. Dabei lernte Else die Kinder kennen, die ihre Geschwister sein sollten: Uwe und Dieter, die vierjährigen Zwillinge, und Elisabeth. Elisabeth war fünf Jahre alt war. Sie trug eine Brille und hatte ein mit Pflaster verklebtes Auge. Alle drei hießen Schmidt und waren genauso blond wie sie. Sie gaben ihr die Hand und die Jungen machten einen Diener.

Dann wurden sie von einer Frau abgeführt. Später brachte ein Sanitäter noch ein kleines zweijähriges Mädchen.

Rosemarie hatte weißblonde Locken und fiebrige Augen. Der Mann gab sie Else an die Hand und sagte, sie solle auf der Reise gut auf sie aufpassen. Weil das Mädchen ihre jüngste Schwester wäre. Rosi wäre sehr krank und müsse auf die Krankenstation. Wieder war es eine sehr lange Fahrt. Mehrere Tage und Nächte lagen sie im Eisenbahnwaggon. »Heim ins Reich!«, sagte ein junger Mann. Jetzt war die kleine Rosemarie ihre Gerda, ihr lebendiges Puppenkind. Eigentlich war es schön, dass sie jemanden im Arm halten konnte. Rosemarie hatte Schüttelfrost, klapperte mit den Zähnen und lag schwer an ihrem Herzen. Else kannte von Wanda noch einen Schlager, der gut passte. »Das kann doch einen Seemann nicht erschüttern!«, summte sie leise. Zur Beruhigung. Als wäre sie eine Mutter. »Keine Angst, keine Angst, Rosmarie!«

Die Frau mit der Peitsche

So kamen sie in das Konzentrationslager Ravensbrück bei Berlin. Dieses Lager war hauptsächlich für Frauen und Mädchen bestimmt. Nach dem Aussteigen wurde Else sofort von ihrer Schwester getrennt. Eine Aufseherin brachte Rosemarie in den Krankenblock. In Ravensbrück war Else nur zwei Monate.

Aber es kam ihr endlos lang vor, jeder Tag wie ein Jahr. Und jede Nacht voller Tränen.

Über vieles, was sie in Ravensbrück erleben musste, kann Else auch heute noch nicht sprechen.

Jeden Morgen in der kalten Frühe mussten sie Appell stehen.

In Fünferreihen.

Manchmal stundenlang, bis die ersten Frauen umfielen. Else hatte keine Schuhe und nur noch ein altes zerfetztes Sommerkleid aus Auschwitz.

In Ravensbrück wurde Else viel geschlagen. Schlagen und Auspeitschen war an der Tagesordnung. Einen Grund gab es dafür nicht. Vor den SS-Frauen mit den schwarzen Stiefeln und Lederpeitschen hatte sie Angst.

Einmal, als sie alle in den Baracken waren und in den furchtbar engen Betten saßen, kam ein Kapo in den Raum, eine Polin, und sagte »Das stinkt hier. Fürchterlich. Das stinkt! Alle raus! Raus! Sofort!«

Doch keine rührte sich. Nur Else. Sie war so erzogen, dass, wenn Erwachsene etwas sagten, dass es da keine Widerrede geben darf. Else hat sich also schnell aufgerafft und ist nach draußen gegangen. In der kleinen Vorhalle aber stand eine SS-Frau in Uniform und einer Lederpeitsche in der Hand. Wütend stürzte sie auf Else zu. »Halt, Mistbiene, Halt!«

Und schon knallten die Lederstriemen gegen ihre Beine. »Was machst du hier?! Du hast hier nichts zu suchen!« Die Peitschenschläge brannten wie Feuer auf Elses Haut. Und weil sie meinte, als Kind müsse man antworten, wenn Erwachsene fragen, sagte sie: »Aber es wurde doch gesagt, dass alle raus müssen.«

Doch bevor sie das herausbekam, schrie die Wächterin: »Lüge, Frechheit, Mistbiene!!« Und zornesrot wurde ihr Gesicht, als Else stammelte: »Nein, es stimmt aber!«. Wieder und wieder schlug sie mit der Peitsche auf Else ein. »Frechheit! Lüge! Mistbiene!« Else verstand jetzt überhaupt nichts mehr. Die eine schrie »Raus!«, die andere brüllte »Rein!«. Ohne Sinn und Verstand. Und sie bekam Schläge, weil sie einer erwachsenen Frau folgte und die Wahrheit sagte. Die ganze Welt stimmte überhaupt nicht mehr.

Else wurde immer wieder geschlagen. Die SS-Frau nannte sie nur noch Mistbiene und peitschte sie, wann immer es ging. Die Frau war bekannt und gefürchtet. Sie hatte Spaß daran, kleine Mädchen und Frauen zu schlagen und nach der Peitsche tanzen zu lassen.

Nach dieser Erfahrung hat Else beschlossen, niemals mehr zu antworten und stumm zu werden. Aber das brachte die Frau mit der Peitsche nur um so mehr in Wut. Immer wieder schlug sie ihr blutige Striemen. Auch ins Gesicht. Und immer wieder biss Else die Lippen zusammen.

Später hat Else erfahren, dass die SS-Frau, die sie so gequält hat, nach der Nazizeit wegen mehrfachen Mordes zum Tode verurteilt wurde.

In Ravensbrück hat Else nicht so viele schreckliche Sachen gesehen wie in Auschwitz. Aber für sie persönlich war es viel schlimmer, denn sie war dort ganz allein. Ohne Wanda, ohne einen Erwachsenen, der sich um sie kümmerte. Else war in einem furchtbaren Zustand. Sie wollte am liebsten unsichtbar sein und hat überhaupt nicht mehr gesprochen. Sie stand nur da wie eine lebendige Tote.

Eines Tages kam ein Paket von ihrer Familie. Das erste Zeichen, dass man sie nicht vergessen hatte. Es waren Kekse, Zwieback, Äpfel und Schokolade darin.

Beim Auspacken hörte Else aus der hintersten Ecke der Baracke plötzlich die Stimme einer Frau: »Else, Else Schmidt. Bitte, gib mir einen Keks, bitte, Else, bitte!« Die Frau lag oben auf einer anderen Pritsche. Else nahm einen Keks und ging in die Richtung, aus der die Stimme kam. Eine andere Frau hob sie hoch. Auf der obersten Pritsche sah sie eine Frau mit riesigen Augen, die war so dünn wie ein Bindfaden.

Die magere Frau war Nussi, Wandas Freundin aus Auschwitz. Nussi, die schöne Nussi. Sie war achtzehn Jahre alt. Else hatte sie nicht wieder erkannt, weil sie völlig abgemagert war. Nur noch Haut und Knochen.

In Auschwitz hatte Nussi noch einen Bauch gehabt, weil sie ein Baby erwartete. Auch Else durfte einmal darüber streichen und Herztöne hören. Wenig später, kurz vor der Auflösung des Zigeunerlagers, wurde sie auf die Krankenstation gebracht. Wütend und wild hatte Nussi mit den Fäusten um sich geschlagen. In Ravensbrück war sie nur noch ein Schatten. Else teilte ihre Kekse mit ihr. Sie hätte gerne gewusst, was aus ihrem Kind geworden war. Doch Nussi hatte einen so traurigen Blick, dass Else sich nicht traute, zu fragen. So gingen die Tage, die Wochen dahin. Eines Tages jedoch geschah wieder etwas Unfassbares.

Die Polin, die sie aus der Baracke rausgejagt hatte, weil es angeblich stank, kam in den Raum, stellte sich hin und rief mehrmals: »Else Schmidt. Else Schmidt.«

Else, die sich oben in einer der mehrstöckigen Holzkojen verkrochen hatte, war wie immer ganz abwesend, weit weg in Gedanken. Sie weiß nur noch, dass sie gesehen hat, dass da jemand stand und einen Namen rief. »Else Schmidt. Else Schmidt.«

Nach einer Weile merkte Else plötzlich, dass sie mit dem Namen gemeint war. Sie erschrak, bekam furchtbare Angst und antwortete. »Hier!«

»Runterkommen, schnell, dalli, dalli«!, rief die Polin. Und da kletterte Else schnell runter und folgte der Wärterin. Jetzt gibt es wieder Prügel, dachte sie.

»Mitkommen!«

Zuerst ging es nach »Kanada«. So hieß die Baracke, in der Kleidungsstücke sortiert und gelagert wurden:

Mäntel, Brillen, Schuhe, Schmuck, Koffer und alles, was man den Häftlingen fortgenommen hatte.

»Du stinkst! Zieh dich aus!« Else musste sich von dem roten Kleid trennen, das sie monatelang getragen hatte. Es war ihre zweite Haut geworden. Mit spitzen Fingern trug die Wärterin das Kleid in den Nebenraum und warf es auf einen Haufen.

»Dreckspatz!« Else wurde in den Duschraum geschoben, von einer anderen Frau eingeseift und mit kaltem Wasser abgespritzt.

Wenig später stand sie splitternackt vor einem Schreibtisch, hinter dem ein uniformierter Mann saß. Zu seinen Füßen lag ein großer Schäferhund. Beide sahen müde und gelangweilt aus.

»Anziehen!«, murmelte der Mann und wies mit der Hand auf einen Stuhl. Auf dem Stuhl lag frische Wäsche: Hemd, Schlüpfer, Rock, Strümpfe. Irgendwie kamen Else die Sachen vertraut vor. Sie dufteten nach daheim. Nach Waschpulver.

»Zieh das an!«

Nach dem Umkleiden musste Else noch eine ganze Strecke hinter der Wärterin her gehen, quer durch das Lager, bis zur Kommandantur. Else sah den schönen See, die Weidenbäume, die sich im Wasser spiegelten und am anderen Ufer eine kleine Stadt. Die Kirchturmspitze schimmerte in der Sonne, und es sah aus, als würde sie in den blauen Septemberhimmel hinein pieksen. Auf dem Weg begegneten sie einer anderen Polin, die ihr leise zuraunte: »Herzliche Grüße an die Heimat«. Else verstand das überhaupt nicht.

Im Büro stand Emil Matulat vor dem Schreibtisch. Else stürmte sofort auf ihn zu. Ihr Vater nahm sie in den Arm und drückte sie an sich. So hatte er das noch nie getan. Endlich, endlich roch sie wieder seinen guten Kernseifen- und Tabak-Duft.

Und mit einem Mal fühlte sie sich sicher und geschützt. Die Angst vor der Peitschen-Frau fiel ab von ihr.

Vater Matulat hatte die Hoffnung nie aufgegeben. In Hamburg und sogar in Berlin ist er bei Ämtern und Behörden persönlich vorstellig geworden. Ein Aktenordner voller Briefe berichtet von seinem verzweifelten Kampf um Else.

Jugendamt, Parteizentrale, Polizei, Reichssicherheitshauptamt, die Kommandantur in Auschwitz - alle kriegten Proteste und Beschwerdebriefe aus Hamburg. Emil Matulat war ein einfacher Arbeiter, das Schreiben lag ihm nicht. Er wagte viel in einer Zeit, in der es gefährlich war, zu widersprechen.

Eigentlich war es ja die ängstlichste und feigste Zeit in der deutschen Geschichte. Jeder hatte Angst vor den Nationalsozialisten.

Bevor Vater Matulat seine Tochter mit nach Hause nehmen konnte, waren noch verschiedene Formalitäten zu erledigen. Else musste einen vom Lagerkommandanten unterzeichneten Entlassungsschein in Empfang nehmen. Darin wurde dem entlassenen *weiblichen Häftling* aufgegeben, sich umgehend bei der Ortspolizeibehörde sowie bei der Kripo Hamburg zu melden. Der Lagerkommandant. SS-Obersturmbannführer. Mit Stempel und Unterschrift. Und am Ende musste sich Else auch noch ausdrücklich verpflichten, über die Haftbedingungen im KZ strengstes Stillschweigen zu wahren. Für immer und ewig.

Es war die erste Unterschrift in ihrem Leben.

»Geheimhaltung! Kein Sterbenswörtchen!«, mahnte die SS-Frau, als Else das Formular unterschrieb.

Dann endlich nahm ihr Vater ihre kleine Hand in seine starke Hafenarbeiterhand und sagte: »Komm!«

Auf dem langen Weg zum Bahnhof hatte Else das Gefühl, als würde sich Emil Matulats Daumen ganz sachte ein wenig bewegen, so, als würde er ihre Hand streicheln, was er sonst noch nie getan hatte. Denn auch mit Zärtlichkeit war Vater Matulat immer äußerst sparsam gewesen.

Schon auf der Bahnfahrt hatte er sie wegen der blutig verschorften Striemen an ihren Beinen gefragt. Die waren noch immer nicht verheilt und nicht zu übersehen. Und obwohl es verboten war, hat Else ihm ganz leise von der Frau mit der Peitsche erzählt.

Ihnen gegenüber im Abteil saß ein Wehrmachtssoldat mit einem weißen Kopfverband. Entsetzt starrte er auf Elses Beine. Und Emil Matulat sagte: »Da siehst du, Kamerad, was man im Konzentrationslager unseren kleinen Kindern antut. Und dafür kämpft ihr an der Front.«

Danach waren sie sehr still bis Hamburg-Altona.

Alle haben sich gefreut, als Else nach Hause zurückkam. Ihre Schwestern hatten extra einen großen Kuchen für sie gebacken. Drei oder vier Tage brauchte Else nicht in die Schule zu gehen.

Die Mutter hat kein einziges Mal gefragt, wie das war, wo sie gewesen ist. Nur ihr Vater wollte hin und wieder doch etwas Genaueres wissen. Aber was kann ein Kind schon erzählen? Das meiste hatte Else gar nicht richtig verstanden. Sie konnte nur wiedergeben, was sie von Wanda, Nussi und Meka gehört hatte. Und selbst das Schlimmste, was sie mit eigenen Augen gesehen hatte, lag auf einmal so fern, als wäre es nicht von dieser Welt. Else schilderte alles ganz nüchtern, ohne innere Beteiligung, so, als würde sie berichten, wie eine Birne vom Baum fällt.

Zum Beispiel, von den vielen Leuten, von den langen Menschenschlangen, die geduldig vor dem Haus mit den hohen Schornsteinen warteten, dem Tor zum Himmel.

Emil Matulat war plötzlich kreidebleich geworden. »Wieso verbrannt?« Else merkte, dass ihn das mitnahm. Sie sah es an seinem Gesicht. Seine Muskeln zuckten. Gleich schmiert er mir eine, fürchtete sie. Weil er glaubt, dass ich lüge. Aber Emil Matulat schüttelte nur den Kopf, hatte todtraurige Augen, wandte sich ab und ging aus dem Zimmer.

»Behalt das für dich, Else, behalt das für dich!«

Die Eltern meinten es gut und schickten sie gleich wieder in die Schule, in ihre alte Klasse. Aber es war nicht gut. Es war die dritte Klasse. Neben ihrer Freundin Helga saß jetzt eine andere. Es war völlig unmöglich, sechs verlorene Monate wieder aufzuholen. Else kam sich sehr dumm vor.

In der Schule musste Else sagen, dass sie ein halbes Jahr lang wegen der Bombenangriffe bei ihren Verwandten im Harz war.

Aber Lehrer Winkler schöpfte Verdacht. Er hatte beobachtet, wie Else einmal auf dem Schulhof das Pflaster auf ihrem Unterarm ein klein wenig geöffnet hatte. Das war sehr unvorsichtig von ihr gewesen. Ihre Freundin jedoch wollte unbedingt ihre Tätowierung, die Nummer Z 10540, sehen.

Jetzt meinte Lehrer Winkler wohl, dass etwas faul wäre mit ihrer langen Abwesenheit. Und dass Else womöglich ein verstecktes Judenkind wäre. Und dass da vielleicht etwas gemeldet werden müsste. Oder könnte. Oder sollte.

Else musste ans Pult vortreten, sich vor die Klasse stellen und sollte sagen, was unter ihrem Pflaster ist.

Lehrer Winkler hatte den Rohrstock in der Hand und schlug ihn gebieterisch auf seine Handfläche. »Na, wird's bald?!«

Else erstarrte. Sie wusste, dass sie die KZ-Nummer nicht zeigen durfte. Ihre Mutter hatte ihr jeden Morgen extra ein großes Pflaster drübergeklebt.

Trotzig schüttelte sie den Kopf.

»Ich darf aber nicht!«

»Na gut. Dann bleibst du hier solange stehen, bis du es uns zeigst! Offen und ehrlich!«

Alle schauten Else erwartungsvoll an. »Aber… es ist doch ein Befehl!«, stammelte sie.

»So, so…« Lehrer Winkler lächelte ungläubig. »Ein Befehl?«

»Jawohl! Strengstes Stillschweigen!«, schoss es aus ihr hervor und dann fügte sie die beiden Buchstaben hinzu, vor denen damals alle die größte Angst hatten: »Ess-Ess!«

»SS?« Das Lächeln des Lehrers erlosch. Mit einem Mal fürchtete er, dass es für ihn gefährlich sein könnte, sie allzu sehr zu drängen. »Na schön!

Schwamm drüber!« Er legte den Rohrstock beiseite. Else durfte sich wieder setzen.

»So genau interessiert das ja eigentlich auch überhaupt nicht. Du darfst dein kleines Geheimnis gern für dich behalten!«

Else Schmidt hat ihr Geheimnis lange für sich behalten, jahrelang, jahrzehntelang, viel zu lang. Heute lebt sie in England, aber noch immer fällt es ihr schwer, jungen Menschen, die ihre Enkel sein könnten, ihre Geschichte zu erzählen. Doch sie weiß, dass es wichtig ist, daran zu erinnern, was damals den Kindern von den Nazis angetan wurde. Und dass nicht nur die Königin von England wissen soll, was niemals wieder geschehen darf.

NACHTRAG

Nach ihrer Heimkehr lebt Else wieder bei ihrer Pflegefamilie in Hamburg. Sie geht in ihre alte Schule und beginnt nach dem Abschluss eine Friseurlehre. Erst Jahre später erfährt sie, dass ihre leibliche Mutter Else Schmidt, ihre Schwester Elisabeth und ihre beiden Zwillingsbrüder Uwe und Dieter in Auschwitz ermordet wurden. Nur ihre jüngste Schwester Rosemarie hat überlebt und wohnt heute in der Schweiz.

Auch Else verlässt das Land der Täter, wandert nach England aus, heiratet und setzt sich erst Jahrzehnte später mit den schweren seelischen Verwundungen auseinander, die sie in ihrer Kindheit erlitten hat.

50 Jahre danach besuchen sie und ihre Schwester, gemeinsam mit anderen überlebenden Sinti und Roma, noch einmal die Orte des Grauens, Auschwitz und Ravensbrück. Bis heute quälen sie die jahrzehntelang unterdrückten Erinnerungen.

NACHWORT

Elses Geschichte steht für ein einzelnes, unverwechselbares Verfolgungsschicksal. Doch sie macht zugleich das historisch Einmalige und Beispiellose des Völkermords an den Sinti und Roma deutlich. Elses Beispiel zeigt, wie total und unerbittlich der Vernichtungswille der Nationalsozialisten gegenüber unserer Minderheit war. Menschen wurden planmäßig deportiert und ermordet, nur weil sie als Sinti oder Roma geboren waren oder weil die national-sozialistischen »Rasseforscher« einen »Zigeuner« unter ihren Vorfahren ausgemacht hatten. Nicht einmal ein achtjähriges Pflegekind wie Else, das in einer »arischen« Familie aufge-wachsen war und von seiner Herkunft überhaupt nichts wusste, blieb verschont.

Sinti und Roma sind in Deutschland wie in anderen Ländern seit Jahrhunderten beheimatet. Angehörige unserer Minderheit sind in vielen Städten und Regionen schon seit Generationen verwurzelt, sie gingen (und gehen) den gleichen Berufen nach wie die Mehrheitsbevölkerung. Mit der Machtübernahme der Nationalsozialisten wurde diese gewachsene Normalität des Zusammenlebens systematisch zerstört. Die berüchtigten »Nürnberger Gesetze« stuften »Zigeuner« ebenso wie Juden als »Fremdrasse« ein und machten sie zu Bürgern zweiter Klasse. Die Nationalsozialisten betrachteten sie als »minderwertig« und als Gefahr für die »Reinheit des deutschen Blutes«. Um alle Sinti und Roma im damaligen Deutschen Reich aufzuspüren und zu erfassen, richtete man in Berlin eine eigene »Forschungsstelle« ein. Die Helfershelfer der Nationalsozialisten behaupteten, die »Rasse« anhand bestimmter körperlicher Merkmale bestimmen zu können. Die betroffenen Menschen wurden von Kopf bis Fuß vermessen und außerdem gezwungen, ihre Verwandtschaftsverhältnisse preiszugeben. Die nationalsozialistischen »Rasseforscher« suchten in alten Urkunden, Kirchenbüchern oder Taufscheinen mit sprichwörtlicher deutscher Gründlichkeit nach Hinweisen auf »Zigeuner«-Vorfahren und erstellten umfangreiche Familienstammbäume. Am Ende stand ein pseudowissenschaftliches »Rassegutachten«, das Menschen den Stempel »Zigeuner« oder »Zigeunermischling« aufdrückte. Was diese Menschen zuvor für ihr Land getan hatten, etwa als Soldaten im Ersten Weltkrieg, spielte dabei keine Rolle. Man sprach ihnen allein aufgrund ihrer Abstammung das Recht zu leben ab. Wer erst einmal als »Zigeuner« oder »Zigeunermischling« klassifiziert war, der hatte kaum eine Chance, dem Verfolgungsapparat zu entgehen. Die lückenlose Erfassung der Sinti und Roma, an der die gesamte Bürokratie des NS-Staates beteiligt war, machte die Durchführung des Völkermords erst möglich. Auf diese Weise geriet auch die damals achtjährige Else Schmidt in die Maschinerie der Vernichtung. Ein großer Teil der 500000 Sinti und Roma, die dem nationalsozialistischen Völkermord zum Opfer fielen, waren Kinder und Jugendliche. Bereits seit 1933 waren Kinder von der Ausgrenzung unserer Minderheit aus dem öffentlichen Leben unmittelbar betroffen. So wurden Sinti- und Roma-Kindern in vielen Orten der Schulbesuch verboten oder sie wurden in »Zigeunerklassen« abgesondert und getrennt unterrichtet. Kinder mussten miterleben, wie man sie und ihre Familien hinter Stacheldraht einpferchte, wie immer mehr Verwandte spurlos in den Konzentrationslagern verschwanden. Im Mai 1940 verschleppten die nationalsozialistischen Machthaber erstmals ganze Familien unserer Minderheit aus Deutschland ins besetzte Polen. Schließlich befahl Himmler, neben Hitler einer der Hauptverantwortlichen für den Holocaust, am 16. Dezember 1942 die Deportation der Sinti und Roma in das Vernichtungslager Auschwitz-Birkenau. Dies bedeutete das Todesurteil - auch für abertausende von Kindern aus ganz Europa. Sie erlagen in Auschwitz dem Hunger und den Krankheiten, sie wurden zu qualvollen medizinischen Experimenten missbraucht, in die Gaskammern getrieben und bestialisch ermordet. Gleichzeitig fielen in den besetzten Gebieten des Ostens unzählige Sinti- und Roma-Kinder den gezielten

Massenerschießungen zum Opfer. Die wenigen Überlebenden sind bis heute von den körperlichen und seelischen Wunden gezeichnet.

Die historische Erfahrung des Holocaust hat die Identität unserer Minderheit nachhaltig geprägt. Innerhalb weniger Jahre wurden unsere Familien fast völlig ausgelöscht. Es bedurfte eines jahrzehntelangen Kampfes, bis die deutsche Gesellschaft dieses Verbrechen wahrgenommen und offiziell anerkannt hat. Das Dokumentations- und Kulturzentrum Deutscher Sinti und Roma, das 1997 in Heidelberg eröffnet wurde, widmet einen Schwerpunkt seiner Arbeit der historischen Aufarbeitung des Völkermords an unserer Minderheit. Wir wollen bewusst machen, dass Erinnerung an die Opfer immer auch Verantwortung für die Gegenwart bedeutet. Beim Lesen dieses Buches ist mir nochmals klargeworden: Es waren die mutigen Entscheidungen einzelner Menschen, die Elses Überleben möglich gemacht haben. Wanda und Elses Vater haben uns gezeigt, was Entschlossenheit, Mut und Menschlichkeit auch in der tiefsten Dunkelheit bewirken können - dass es immer auf uns selber ankommt. Auf jeden einzelnen von uns.

Noch eine Anmerkung zur Bezeichnung »Sinti und Roma«. Von den meisten Angehörigen unserer Minderheit wird der Begriff »Zigeuner« als Schimpfwort empfunden, weil er untrennbar mit Vorurteilen und negativen Zuschreibungen verbunden ist. Wir selbst haben uns nie so genannt. Hingegen stammt »Sinti und Roma« aus unserer eigenen Sprache, dem Romanes, das in unseren Familien als zweite Muttersprache gesprochen wird. Als »Sinti« bezeichnet man die in Mitteleuropa bereits seit dem späten Mittelalter beheimateten Angehörigen unserer Minderheit, als »Roma« diejenigen ost- und südosteuropäischer Herkunft. Heute bilden Sinti und Roma in den Staaten Europas alteingesessene nationale Minderheiten, die von den Traditionen ihrer Heimatländer wesentlich geprägt sind. Sich zu seiner Minderheit zu bekennen und seine Heimat zu lieben, das ist kein Widerspruch.

Zum Schluss danke ich Bruder Lukas Ruegenberg, der dieses Vorhaben angeregt und die wunderbaren Bilder zu dem Text gezeichnet und gemalt hat, und dem Autor Michail Krausnick, der unserer Bürgerrechtsarbeit seit vielen Jahren verbunden ist.

Mein besonderer Dank geht an Manfred Lautenschläger, dem die Förderung dieses Projekts ein persönliches Anliegen war.

Vor allem aber danke ich Else Schmidt, die heute in England lebt und die das Buch durch ihr Vertrauen erst möglich gemacht hat. Eingedenk der vielen namenlosen Kinder, die dem Holocaust zum Opfer fielen, wünsche ich mir, dass **Elses Geschichte** den Weg in die Köpfe und in die Herzen möglichst vieler Leser findet.

Romani Rose

(Vorsitzender des Zentralrats Deutscher Sinti und Roma)

Weitere Informationen zum Völkermord an den Sinti und Roma und zum Dokumentations- und Kulturzentrum Deutscher Sinti und Roma gibt es unter *www.sintiundroma.de*.

Auf der Homepage *www.elses-geschichte.de* können außerdem umfangreiche pädagogische Materialien zu diesem Buch abgerufen werden.